Libretto
Sanitario

D1734826

ISBN 979-9798584167332

incolla qui la foto

Nome: _____

Specie: _____

Razza: _____

Sesso: [M] [F]

Data di nascita: _____ / _____ / _____

Luogo di nascita: _____

Mantello: _____

Segni particolari: _____

_____

Identificazione: _____

Dati del proprietario

Nome: _____

Cognome: _____

Indirizzo: _____

_____

Telefono: _____

Cellulare: _____

e-mail: _____

Trattamento n. _____

Data: _____ / _____ / _____

Luogo: _____

      Descrizione:

                                    Veterinario

_____

_____

Prescrizione: _____

_____

Trattamento n. _____

Data: _____ / _____ / _____

Luogo: _____

      Descrizione:

                                      Veterinario

_____

_____

Prescrizione: _____

_____

Trattamento n. _____

Data: _____ / _____ / _____

Luogo: _____

      Descrizione:

                                      Veterinario

_____

_____

Prescrizione: _____

_____

Trattamento n. _____

Data: _____ / _____ / _____

Luogo: _____

Descrizione:

Veterinario

_____

_____

Prescrizione: _____

_____

Trattamento n. _____

Data: _____ / _____ / _____

Luogo: _____

Descrizione:

Veterinario

_____

_____

Prescrizione: _____

_____

Trattamento n. _____

Data: _____ / _____ / _____

Luogo: _____

Descrizione:

Veterinario

_____

_____

Prescrizione: _____

_____

Trattamento n. _____

Data: _____ / _____ / _____

Luogo: _____

Descrizione:

Veterinario

_____

_____

Prescrizione: _____

_____

Trattamento n. _____

Data: _____ / _____ / _____

Luogo: _____

Descrizione:

Veterinario

_____

_____

Prescrizione: _____

_____

Trattamento n. _____

Data: _____ / _____ / _____

Luogo: _____

Descrizione:

Veterinario

_____

_____

Prescrizione: _____

_____

Trattamento n. _____

Data: _____ / _____ / _____

Luogo: _____

       Descrizione:

                                   Veterinario

_____

_____

Prescrizione: _____

_____

Trattamento n. _____

Data: _____ / _____ / _____

Luogo: _____

       Descrizione:

                                   Veterinario

_____

_____

Prescrizione: _____

_____

Trattamento n. _____

Data: _____ / _____ / _____

Luogo: _____

       Descrizione:

                                   Veterinario

_____

_____

Prescrizione: _____

_____

Trattamento n. _____

Data: _____ / _____ / _____

Luogo: _____

Descrizione:

Veterinario

_____

_____

Prescrizione: _____

_____

Trattamento n. _____

Data: _____ / _____ / _____

Luogo: _____

Descrizione:

Veterinario

_____

_____

Prescrizione: _____

_____

Trattamento n. _____

Data: _____ / _____ / _____

Luogo: _____

Descrizione:

Veterinario

_____

_____

Prescrizione: _____

_____

Trattamento n. _____

Data: _____ / _____ / _____

Luogo: _____

Descrizione:

Veterinario

_____

_____

Prescrizione: _____

_____

Trattamento n. _____

Data: _____ / _____ / _____

Luogo: _____

Descrizione:

Veterinario

_____

_____

Prescrizione: _____

_____

Trattamento n. _____

Data: _____ / _____ / _____

Luogo: _____

Descrizione:

Veterinario

_____

_____

Prescrizione: _____

_____

Trattamento n. _____

Data: _____ / _____ / _____

Luogo: _____

Descrizione: _____

Veterinario

_____

_____

Prescrizione: _____

_____

Trattamento n. _____

Data: _____ / _____ / _____

Luogo: _____

Descrizione: _____

Veterinario

_____

_____

Prescrizione: _____

_____

Trattamento n. _____

Data: _____ / _____ / _____

Luogo: _____

Descrizione: _____

Veterinario

_____

_____

Prescrizione: _____

_____

Trattamento n. _____

Data: _____ / _____ / _____

Luogo: _____

       Descrizione:

Veterinario _____

_____

_____

Prescrizione: _____

_____

Trattamento n. _____

Data: _____ / _____ / _____

Luogo: _____

       Descrizione:

Veterinario _____

_____

_____

Prescrizione: _____

_____

Trattamento n. _____

Data: _____ / _____ / _____

Luogo: _____

       Descrizione:

Veterinario _____

_____

_____

Prescrizione: _____

_____

Trattamento n. _____

Data: _____ / _____ / _____

Luogo: _____

Descrizione:

Veterinario

Prescrizione: _____

Trattamento n. _____

Data: _____ / _____ / _____

Luogo: _____

Descrizione:

Veterinario

Prescrizione: _____

Trattamento n. _____

Data: _____ / _____ / _____

Luogo: _____

Descrizione:

Veterinario

Prescrizione: _____

Trattamento n. _____

Data: _____ / _____ / _____

Luogo: _____

Descrizione:

Veterinario

_____

_____

Prescrizione: _____

_____

Trattamento n. _____

Data: _____ / _____ / _____

Luogo: _____

Descrizione:

Veterinario

_____

_____

Prescrizione: _____

_____

Trattamento n. _____

Data: _____ / _____ / _____

Luogo: _____

Descrizione:

Veterinario

_____

_____

Prescrizione: _____

_____

Trattamento n. _____

Data: _____ / _____ / _____

Luogo: _____

Descrizione:

Veterinario

_____

_____

Prescrizione: _____

_____

Trattamento n. _____

Data: _____ / _____ / _____

Luogo: _____

Descrizione:

Veterinario

_____

_____

Prescrizione: _____

_____

Trattamento n. _____

Data: _____ / _____ / _____

Luogo: _____

Descrizione:

Veterinario

_____

_____

Prescrizione: _____

_____

Trattamento n. _____

Data: _____ / _____ / _____

Luogo: _____

Descrizione:

Veterinario

_____

_____

Prescrizione: _____

_____

Trattamento n. _____

Data: _____ / _____ / _____

Luogo: _____

Descrizione:

Veterinario

_____

_____

Prescrizione: _____

_____

Trattamento n. _____

Data: _____ / _____ / _____

Luogo: _____

Descrizione:

Veterinario

_____

_____

Prescrizione: _____

_____

Trattamento n. _____

Data: _____ / _____ / _____

Luogo: _____

      Descrizione:

Veterinario

Prescrizione: _____

Trattamento n. _____

Data: _____ / _____ / _____

Luogo: _____

      Descrizione:

Veterinario

Prescrizione: _____

Trattamento n. _____

Data: _____ / _____ / _____

Luogo: _____

      Descrizione:

Veterinario

Prescrizione: _____

Trattamento n. _____

Data: _____ / _____ / _____

Luogo: _____

Descrizione:

Veterinario

_____

_____

Prescrizione: _____

_____

Trattamento n. _____

Data: _____ / _____ / _____

Luogo: _____

Descrizione:

Veterinario

_____

_____

Prescrizione: _____

_____

Trattamento n. _____

Data: _____ / _____ / _____

Luogo: _____

Descrizione:

Veterinario

_____

_____

Prescrizione: _____

_____

Trattamento n. _____

Data: _____ / _____ / _____

Luogo: _____

      Descrizione:

Veterinario

_____

_____

Prescrizione: _____

_____

Trattamento n. _____

Data: _____ / _____ / _____

Luogo: _____

      Descrizione:

Veterinario

_____

_____

Prescrizione: _____

_____

Trattamento n. _____

Data: _____ / _____ / _____

Luogo: _____

      Descrizione:

Veterinario

_____

_____

Prescrizione: _____

_____

Trattamento n. _____

Data: _____ / _____ / _____

Luogo: _____

      Descrizione:

Veterinario

_____

_____

Prescrizione: _____

_____

Trattamento n. _____

Data: _____ / _____ / _____

Luogo: _____

      Descrizione:

Veterinario

_____

_____

Prescrizione: _____

_____

Trattamento n. _____

Data: _____ / _____ / _____

Luogo: _____

      Descrizione:

Veterinario

_____

_____

Prescrizione: _____

_____

Trattamento n. _____

Data: _____ / _____ / _____

Luogo: _____

      Descrizione:

              Veterinario

_____

_____

Prescrizione: _____

_____

Trattamento n. _____

Data: _____ / _____ / _____

Luogo: _____

      Descrizione:

              Veterinario

_____

_____

Prescrizione: _____

_____

Trattamento n. _____

Data: _____ / _____ / _____

Luogo: _____

      Descrizione:

              Veterinario

_____

_____

Prescrizione: _____

_____

Trattamento n. _____

Data: _____ / _____ / _____

Luogo: _____

        Descrizione:

Veterinario

_____

_____

Prescrizione: _____

_____

Trattamento n. _____

Data: _____ / _____ / _____

Luogo: _____

        Descrizione:

Veterinario

_____

_____

Prescrizione: _____

_____

Trattamento n. _____

Data: _____ / _____ / _____

Luogo: _____

        Descrizione:

Veterinario

_____

_____

Prescrizione: _____

_____

Trattamento n. _____

Data: _____ / _____ / _____

Luogo: _____

      Descrizione:

Veterinario

_____

_____

Prescrizione: _____

_____

Trattamento n. _____

Data: _____ / _____ / _____

Luogo: _____

      Descrizione:

Veterinario

_____

_____

Prescrizione: _____

_____

Trattamento n. _____

Data: _____ / _____ / _____

Luogo: _____

      Descrizione:

Veterinario

_____

_____

Prescrizione: _____

_____

Trattamento n. _____

Data: _____ / _____ / _____

Luogo: _____

Descrizione:

Veterinario

_____
_____

Prescrizione: _____
_____

Trattamento n. _____

Data: _____ / _____ / _____

Luogo: _____

Descrizione:

Veterinario

_____
_____

Prescrizione: _____
_____

Trattamento n. _____

Data: _____ / _____ / _____

Luogo: _____

Descrizione:

Veterinario

_____
_____

Prescrizione: _____
_____

Trattamento n. _____

Data: _____ / _____ / _____

Luogo: _____

Veterinario

Descrizione:

_____

_____

Prescrizione: _____

_____

Trattamento n. _____

Data: _____ / _____ / _____

Luogo: _____

Veterinario

Descrizione:

_____

_____

Prescrizione. _____

_____

Trattamento n. _____

Data: _____ / _____ / _____

Luogo: _____

Veterinario

Descrizione:

_____

_____

Prescrizione: _____

_____

Trattamento n. _____

Data: _____ / _____ / _____

Luogo: _____

Descrizione:

_____

Veterinario

_____

_____

Prescrizione: _____

_____

Trattamento n. _____

Data: _____ / _____ / _____

Luogo: _____

Descrizione:

_____

Veterinario

_____

_____

Prescrizione: _____

_____

Trattamento n. _____

Data: _____ / _____ / _____

Luogo: _____

Descrizione:

_____

Veterinario

_____

_____

Prescrizione: _____

_____

Trattamento n. _____

Data: _____ / _____ / _____

Luogo: _____

Descrizione:

Veterinario

_____

_____

Prescrizione: _____

_____

Trattamento n. _____

Data: _____ / _____ / _____

Luogo: _____

Descrizione:

Veterinario

_____

_____

Prescrizione: _____

_____

Trattamento n. _____

Datu. _____ / _____ / _____

Luogo: _____

Descrizione:

Veterinario

_____

_____

Prescrizione: _____

_____

Trattamento n. _____

Data: _____ / _____ / _____

Luogo: _____

Descrizione:

_____

Veterinario

_____

_____

Prescrizione: _____

_____

Trattamento n. _____

Data: _____ / _____ / _____

Luogo: _____

Descrizione:

Veterinario

_____

_____

Prescrizione: _____

_____

Trattamento n. _____

Data: _____ / _____ / _____

Luogo: _____

Descrizione:

Veterinario

_____

_____

Prescrizione: _____

_____

Trattamento n. _____

Data: ____ / ____ / _____

Luogo: _____

Descrizione:

Veterinario

_____

_____

Prescrizione: _____

_____

Trattamento n. _____

Data: ____ / ____ / _____

Luogo: _____

Descrizione:

Veterinario

_____

_____

Prescrizione: _____

_____

Trattamento n. _____

Data: ____ / ___ / _____

Luogo: _____

Descrizione:

Veterinario

_____

_____

Prescrizione: _____

_____

Trattamento n. _____

Data: _____ / _____ / _____

Luogo: _____

Descrizione:

Veterinario

_____

_____

Prescrizione: _____

_____

Trattamento n. _____

Data: _____ / _____ / _____

Luogo: _____

Descrizione:

Veterinario

_____

_____

Prescrizione: _____

_____

Trattamento n. _____

Data: _____ / _____ / _____

Luogo: _____

Descrizione:

Veterinario

_____

_____

Prescrizione: _____

_____

Trattamento n. _____

Data: _____ / _____ / _____

Luogo: _____

Descrizione:

Veterinario

_____

_____

Prescrizione: _____

_____

Trattamento n. _____

Data: _____ / _____ / _____

Luogo: _____

Descrizione:

Veterinario

_____

_____

Prescrizione: _____

_____

Trattamento n. _____

Data: _____ / _____ / _____

Luogo: _____

Descrizione:

Veterinario

_____

_____

Prescrizione: _____

_____

Trattamento n. _____

Data: _____ / _____ / _____

Luogo: _____

Descrizione:

Veterinario

_____

_____

Prescrizione: _____

_____

Trattamento n. _____

Data: _____ / _____ / _____

Luogo: _____

Descrizione:

Veterinario

_____

_____

Prescrizione: _____

_____

Trattamento n. _____

Data: _____ / _____ / _____

Luogo: _____

Descrizione:

Veterinario

_____

_____

Prescrizione: _____

_____

Trattamento n. _____

Data: _____ / _____ / _____

Luogo: _____

Descrizione:

Veterinario

_____

_____

Prescrizione: _____

_____

Trattamento n. _____

Data: _____ / _____ / _____

Luogo: _____

Descrizione:

Veterinario

_____

_____

Prescrizione: _____

_____

Trattamento n. _____

Data: _____ / _____ / _____

Luogo: _____

Descrizione:

Veterinario

_____

_____

Prescrizione: _____

_____

Trattamento n. _____

Data: _____ / _____ / _____

Luogo: _____

        Descrizione:

Veterinario

_____

_____

Prescrizione: _____

_____

Trattamento n. _____

Data: _____ / _____ / _____

Luogo: _____

        Descrizione:

Veterinario

_____

_____

Prescrizione: _____

_____

Trattamento n. _____

Data: _____ / _____ / _____

Luogo: _____

        Descrizione:

Veterinario

_____

_____

Prescrizione: _____

_____

Trattamento n. _____

Data: _____ / _____ / _____

Luogo: _____

       Descrizione:

Veterinario

_____

_____

Prescrizione: _____

_____

Trattamento n. _____

Data: _____ / _____ / _____

Luogo: _____

       Descrizione:

Veterinario

_____

_____

Prescrizione: _____

_____

Trattamento n. _____

Data: _____ / _____ / _____

Luogo: _____

       Descrizione:

Veterinario

_____

_____

Prescrizione: _____

_____

Trattamento n. _____

Data: _____ / _____ / _____

Luogo: _____

Descrizione:

Veterinario

_____

_____

Prescrizione: _____

_____

Trattamento n. _____

Data: _____ / _____ / _____

Luogo: _____

Descrizione:

Veterinario

_____

_____

Prescrizione: _____

_____

Trattamento n. _____

Data: _____ / _____ / _____

Luogo: _____

Descrizione:

Veterinario

_____

_____

Prescrizione: _____

_____

Trattamento n. _____

Data: _____ / _____ / _____

Luogo: _____

       Descrizione:

Veterinario

_____

_____

Prescrizione: _____

_____

Trattamento n. _____

Data: _____ / _____ / _____

Luogo: _____

       Descrizione:

Veterinario

_____

_____

Prescrizione: _____

_____

Trattamento n. _____

Data: _____ / _____ / _____

Luogo: _____

       Descrizione:

Veterinario

_____

_____

Prescrizione: _____

_____

Trattamento n. _____

Data: _____ / _____ / _____

Luogo: _____

        Descrizione:

                      Veterinario

_____

_____

Prescrizione: _____

_____

Trattamento n. _____

Data: _____ / _____ / _____

Luogo: _____

        Descrizione:

                      Veterinario

_____

_____

Prescrizione: _____

_____

Trattamento n. _____

Data: _____ / _____ / _____

Luogo: _____

        Descrizione:

                      Veterinario

_____

_____

Prescrizione: _____

_____

Trattamento n. _____

Data: _____ / _____ / _____

Luogo: _____

Descrizione:

Veterinario

_____

_____

Prescrizione: _____

_____

Trattamento n. _____

Data: _____ / _____ / _____

Luogo: _____

Descrizione:

Veterinario

_____

_____

Prescrizione: _____

_____

Trattamento n. _____

Data: _____ / _____ / _____

Luogo: _____

Descrizione:

Veterinario

_____

_____

Prescrizione: _____

_____

Trattamento n. _____

Data: _____ / _____ / _____

Luogo: _____

Descrizione:

Veterinario

_____

_____

Prescrizione: _____

_____

Trattamento n. _____

Data: _____ / _____ / _____

Luogo: _____

Descrizione:

Veterinario

_____

_____

Prescrizione: _____

_____

Trattamento n. _____

Data: _____ / _____ / _____

Luogo: _____

Descrizione:

Veterinario

_____

_____

Prescrizione: _____

_____

Trattamento n. _____

Data: _____ / _____ / _____

Luogo: _____

Descrizione:

Veterinario

_____

_____

Prescrizione: _____

_____

Trattamento n. _____

Data: _____ / _____ / _____

Luogo: _____

Descrizione:

Veterinario

_____

_____

Prescrizione: _____

_____

Trattamento n. _____

Data: _____ / _____ / _____

Luogo: _____

Descrizione:

Veterinario

_____

_____

Prescrizione: _____

_____

Trattamento n. _____

Data: _____ / _____ / _____

Luogo: _____

       Descrizione:

Veterinario

_____

_____

Prescrizione: _____

_____

Trattamento n. _____

Data: _____ / _____ / _____

Luogo: _____

       Descrizione:

Veterinario

_____

_____

Prescrizione: _____

_____

Trattamento n. _____

Data: _____ / _____ / _____

Luogo: _____

       Descrizione:

Veterinario

_____

_____

Prescrizione: _____

_____

Trattamento n. _____

Data: _____ / _____ / _____

Luogo: _____

          Descrizione:

Veterinario

_____

_____

Prescrizione: _____

_____

Trattamento n. _____

Data: _____ / _____ / _____

Luogo: _____

          Descrizione:

Veterinario

_____

_____

Prescrizione: _____

_____

Trattamento n. _____

Data: _____ / _____ / _____

Luogo: _____

          Descrizione:

Veterinario

_____

_____

Prescrizione: _____

_____

Trattamento n. _____

Data: _____ / _____ / _____

Luogo: _____

       Descrizione:

Veterinario

_____

_____

Prescrizione: _____

_____

Trattamento n. _____

Data: _____ / _____ / _____

Luogo: _____

       Descrizione:

Veterinario

_____

_____

Prescrizione: _____

_____

Trattamento n. _____

Data: _____ / _____ / _____

Luogo: _____

       Descrizione:

Veterinario

_____

_____

Prescrizione: _____

_____

Trattamento n. _____

Data: _____ / _____ / _____

Luogo: _____

Descrizione:

Veterinario

_____

_____

Prescrizione: _____

_____

Trattamento n. _____

Data: _____ / _____ / _____

Luogo: _____

Descrizione:

Veterinario

_____

_____

Prescrizione: _____

_____

Trattamento n. _____

Data: _____ / _____ / _____

Luogo: _____

Descrizione:

Veterinario

_____

_____

Prescrizione: _____

_____

Trattamento n. _____

Data: _____ / _____ / _____

Luogo: _____

Descrizione:

Veterinario

_____

_____

Prescrizione: _____

_____

Trattamento n. _____

Data: _____ / _____ / _____

Luogo: _____

Descrizione:

Veterinario

_____

_____

Prescrizione: _____

_____

Trattamento n. _____

Data: _____ / _____ / _____

Luogo: _____

Descrizione:

Veterinario

_____

_____

Prescrizione: _____

_____

Trattamento n. _____

Data: _____ / _____ / _____

Luogo: _____

Descrizione:

Veterinario

_____

_____

Prescrizione: _____

_____

Trattamento n. _____

Data: _____ / _____ / _____

Luogo: _____

Descrizione:

Veterinario

_____

_____

Prescrizione: _____

_____

Trattamento n. _____

Data: _____ / _____ / _____

Luogo: _____

Descrizione:

Veterinario

_____

_____

Prescrizione: _____

_____

Trattamento n. _____

Data: _____ / _____ / _____

Luogo: _____

Descrizione:

Veterinario

_____

_____

Prescrizione: _____

_____

Trattamento n. _____

Data: _____ / _____ / _____

Luogo: _____

Descrizione:

Veterinario

_____

_____

Prescrizione: _____

_____

Trattamento n. _____

Data: _____ / _____ / _____

Luogo: _____

Descrizione:

Veterinario

_____

_____

Prescrizione: _____

_____

Trattamento n. _____

Data: _____ / _____ / _____

Luogo: _____

      Descrizione:

Veterinario

_____

_____

Prescrizione: _____

_____

Trattamento n. _____

Data: _____ / _____ / _____

Luogo: _____

      Descrizione:

Veterinario

_____

_____

Prescrizione: _____

_____

Trattamento n. _____

Data: _____ / _____ / _____

Luogo: _____

      Descrizione:

Veterinario

_____

_____

Prescrizione: _____

_____

Trattamento n. _____ _____

Data: ____ / __ __ / _____

Luogo: _____

            Descrizione:

Veterinario

_____

_____

Prescrizione: _____

_____

Trattamento n. _____

Data: ____ / ____ / _____

Luogo: _____

            Descrizione:

Veterinario

_____

_____

Prescrizione: _____

_____

Trattamento n. _____

Data: ____ / ____ / _____

Luogo: _____

            Descrizione:

Veterinario

_____

_____

Prescrizione: _____

_____

Trattamento n. _____

Data: _____ / _____ / _____

Luogo: _____

        Descrizione:

Veterinario

_____
_____

Prescrizione: _____

_____

Trattamento n. _____

Data: _____ / _____ / _____

Luogo: _____

        Descrizione:

Veterinario

_____
_____

Prescrizione: _____

_____

Trattamento n. _____

Data: _____ / _____ / _____

Luogo: _____

        Descrizione:

Veterinario

_____
_____

Prescrizione: _____

_____

Trattamento n. _____

Data: _____ / _____ / _____

Luogo: _____

        Descrizione:

Veterinario

_____

_____

Prescrizione: _____

_____

Trattamento n. _____

Data: _____ / _____ / _____

Luogo: _____

        Descrizione:

Veterinario

_____

_____

Prescrizione: _____

_____

Trattamento n. _____

Data: _____ / _____ / _____

Luogo: _____

        Descrizione:

Veterinario

_____

_____

Prescrizione: _____

_____

Trattamento n. _____

Data: _____ / _____ / _____

Luogo: _____

Descrizione:

Veterinario

_____

_____

Prescrizione: _____

_____

Trattamento n. _____

Data: _____ / _____ / _____

Luogo: _____

Descrizione:

Veterinario

_____

_____

Prescrizione: _____

_____

Trattamento n. _____

Data: _____ / _____ / _____

Luogo: _____

Descrizione:

Veterinario

_____

_____

Prescrizione: _____

_____

Trattamento n. _____

Data: _____ / _____ / _____

Luogo: _____

        Descrizione:

Veterinario

_____

_____

Prescrizione: _____

_____

Trattamento n. _____

Data: _____ / _____ / _____

Luogo: _____

        Descrizione:

Veterinario

_____

_____

Prescrizione: _____

_____

Trattamento n. _____

Data: _____ / _____ / _____

Luogo: _____

        Descrizione:

Veterinario

_____

_____

Prescrizione: _____

_____

Monitoraggio misure e attività

Data: _____ /_____ /_____   Peso: _____   Dimensioni: _____
Annotazioni: _____

Data: _____ /_____ /_____   Peso: _____   Dimensioni: _____
Annotazioni: _____

Data: _____ /_____ /_____   Peso: _____   Dimensioni: _____
Annotazioni: _____

Data: _____ /_____ /_____   Peso: _____   Dimensioni: _____
Annotazioni: _____

Data: _____ /_____ /_____   Peso: _____   Dimensioni: _____
Annotazioni: _____

Data: _____ /_____ /_____   Peso: _____   Dimensioni: _____
Annotazioni: _____

Data: _____ /_____ /_____   Peso: _____   Dimensioni: _____
Annotazioni: _____

Data: _____ /_____ /_____   Peso: _____   Dimensioni: _____
Annotazioni: _____

Data: _____ /_____ /_____   Peso: _____   Dimensioni: _____
Annotazioni: _____

Data: _____ /_____ /_____   Peso: _____   Dimensioni: _____
Annotazioni: _____

Monitoraggio misure e attività

Data: _____ / _____ / _____   Peso: _____   Dimensioni: _____
Annotazioni: _____

Data: _____ / _____ / _____   Peso: _____   Dimensioni: _____
Annotazioni: _____

Data: _____ / _____ / _____   Peso: _____   Dimensioni: _____
Annotazioni: _____

Data: _____ / _____ / _____   Peso: _____   Dimensioni: _____
Annotazioni: _____

Data: _____ / _____ / _____   Peso: _____   Dimensioni: _____
Annotazioni: _____

Data: _____ / _____ / _____   Peso: _____   Dimensioni: _____
Annotazioni: _____

Data: _____ / _____ / _____   Peso: _____   Dimensioni: _____
Annotazioni: _____

Data: _____ / _____ / _____   Peso: _____   Dimensioni: _____
Annotazioni: _____

Data: _____ / _____ / _____   Peso: _____   Dimensioni: _____
Annotazioni: _____

Data: _____ / _____ / _____   Peso: _____   Dimensioni: _____
Annotazioni: _____

Monitoraggio misure e attività

Data: _____ / _____ / _____   Peso: _____   Dimensioni: _____
Annotazioni: _____

Data: _____ / _____ / _____   Peso: _____   Dimensioni: _____
Annotazioni: _____

Data: _____ / _____ / _____   Peso: _____   Dimensioni: _____
Annotazioni: _____

Data: _____ / _____ / _____   Peso: _____   Dimensioni: _____
Annotazioni: _____

Data: _____ / _____ / _____   Peso: _____   Dimensioni: _____
Annotazioni: _____

Data: _____ / _____ / _____   Peso: _____   Dimensioni: _____
Annotazioni: _____

Data: _____ / _____ / _____   Peso: _____   Dimensioni: _____
Annotazioni: _____

Data: _____ / _____ / _____   Peso: _____   Dimensioni: _____
Annotazioni: _____

Data: _____ / _____ / _____   Peso: _____   Dimensioni: _____
Annotazioni: _____

Data: _____ / _____ / _____   Peso: _____   Dimensioni: _____
Annotazioni: _____

Monitoraggio misure e attività

Data: _____ / _____ / _____   Peso: _____   Dimensioni: _____

Annotazioni: _____

Data: _____ / _____ / _____   Peso: _____   Dimensioni: _____

Annotazioni: _____

Data: _____ / _____ / _____   Peso: _____   Dimensioni: _____

Annotazioni: _____

Data: _____ / _____ / _____   Peso: _____   Dimensioni: _____

Annotazioni: _____

Data: _____ / _____ / _____   Peso: _____   Dimensioni: _____

Annotazioni: _____

Data: _____ / _____ / _____   Peso: _____   Dimensioni: _____

Annotazioni: _____

Data: _____ / _____ / _____   Peso: _____   Dimensioni: _____

Annotazioni: _____

Data: _____ / _____ / _____   Peso: _____   Dimensioni: _____

Annotazioni: _____

Data: _____ / _____ / _____   Peso: _____   Dimensioni: _____

Annotazioni: _____

Data: _____ / _____ / _____   Peso: _____   Dimensioni: _____

Annotazioni: _____

Monitoraggio misure e attività

Data: _____ / _____ / _____   Peso: _____   Dimensioni: _____
Annotazioni: _____

Data: _____ / _____ / _____   Peso: _____   Dimensioni: _____
Annotazioni: _____

Data: _____ / _____ / _____   Peso: _____   Dimensioni: _____
Annotazioni: _____

Data: _____ / _____ / _____   Peso: _____   Dimensioni: _____
Annotazioni: _____

Data: _____ / _____ / _____   Peso: _____   Dimensioni: _____
Annotazioni: _____

Data: _____ / _____ / _____   Peso: _____   Dimensioni: _____
Annotazioni: _____

Data: _____ / _____ / _____   Peso: _____   Dimensioni: _____
Annotazioni: _____

Data: _____ / _____ / _____   Peso: _____   Dimensioni: _____
Annotazioni: _____

Data: _____ / _____ / _____   Peso: _____   Dimensioni: _____
Annotazioni: _____

Data: _____ / _____ / _____   Peso: _____   Dimensioni: _____
Annotazioni: _____

Monitoraggio misure e attività

Data: _____ /_____ /_____   Peso: _____   Dimensioni: _____
Annotazioni: _____

Data: _____ /_____ /_____   Peso: _____   Dimensioni: _____
Annotazioni: _____

Data: _____ /_____ /_____   Peso: _____   Dimensioni: _____
Annotazioni: _____

Data: _____ /_____ /_____   Peso: _____   Dimensioni: _____
Annotazioni: _____

Data: _____ /_____ /_____   Peso: _____   Dimensioni: _____
Annotazioni: _____

Data: _____ /_____ /_____   Peso: _____   Dimensioni: _____
Annotazioni: _____

Data: _____ /_____ /_____   Peso: _____   Dimensioni: _____
Annotazioni: _____

Data: _____ /_____ /_____   Peso: _____   Dimensioni: _____
Annotazioni: _____

Data: _____ /_____ /_____   Peso: _____   Dimensioni: _____
Annotazioni: _____

Data: _____ /_____ /_____   Peso: _____   Dimensioni: _____
Annotazioni: _____

Monitoraggio misure e attività

Data: _____ / _____ / _____   Peso: _____   Dimensioni: _____
Annotazioni: _____

Data: _____ / _____ / _____   Peso: _____   Dimensioni: _____
Annotazioni: _____

Data: _____ / _____ / _____   Peso: _____   Dimensioni: _____
Annotazioni: _____

Data: _____ / _____ / _____   Peso: _____   Dimensioni: _____
Annotazioni: _____

Data: _____ / _____ / _____   Peso: _____   Dimensioni: _____
Annotazioni: _____

Data: _____ / _____ / _____   Peso: _____   Dimensioni: _____
Annotazioni: _____

Data: _____ / _____ / _____   Peso: _____   Dimensioni: _____
Annotazioni: _____

Data: _____ / _____ / _____   Peso: _____   Dimensioni: _____
Annotazioni: _____

Data: _____ / _____ / _____   Peso: _____   Dimensioni: _____
Annotazioni: _____

Data: _____ / _____ / _____   Peso: _____   Dimensioni: _____
Annotazioni: _____

Monitoraggio misure e attività

Data: _____ / _____ / _____   Peso: _____   Dimensioni: _____
Annotazioni: _____

Data: _____ / _____ / _____   Peso: _____   Dimensioni: _____
Annotazioni: _____

Data: _____ / _____ / _____   Peso: _____   Dimensioni: _____
Annotazioni: _____

Data: _____ / _____ / _____   Peso: _____   Dimensioni: _____
Annotazioni: _____

Data: _____ / _____ / _____   Peso: _____   Dimensioni: _____
Annotazioni: _____

Data: _____ / _____ / _____   Peso: _____   Dimensioni: _____
Annotazioni: _____

Data: _____ / _____ / _____   Peso: _____   Dimensioni: _____
Annotazioni: _____

Data: _____ / _____ / _____   Peso: _____   Dimensioni: _____
Annotazioni: _____

Data: _____ / _____ / _____   Peso: _____   Dimensioni: _____
Annotazioni: _____

Data: _____ / _____ / _____   Peso: _____   Dimensioni: _____
Annotazioni: _____

Monitoraggio misure e attività

Data: _____ /_____ /_____   Peso: _____   Dimensioni: _____
Annotazioni: _____

Data: _____ /_____ /_____   Peso: _____   Dimensioni: _____
Annotazioni: _____

Data: _____ /_____ /_____   Peso: _____   Dimensioni: _____
Annotazioni: _____

Data: _____ /_____ /_____   Peso: _____   Dimensioni: _____
Annotazioni: _____

Data: _____ /_____ /_____   Peso: _____   Dimensioni: _____
Annotazioni: _____

Data: _____ /_____ /_____   Peso: _____   Dimensioni: _____
Annotazioni: _____

Data: _____ /_____ /_____   Peso: _____   Dimensioni: _____
Annotazioni: _____

Data: _____ /_____ /_____   Peso: _____   Dimensioni: _____
Annotazioni: _____

Data: _____ /_____ /_____   Peso: _____   Dimensioni: _____
Annotazioni: _____

Data: _____ /_____ /_____   Peso: _____   Dimensioni: _____
Annotazioni: _____

Monitoraggio misure e attività

Data: _____ / _____ / _____   Peso: _____   Dimensioni: _____
Annotazioni: _____

Data: _____ / _____ / _____   Peso: _____   Dimensioni: _____
Annotazioni: _____

Data: _____ / _____ / _____   Peso: _____   Dimensioni: _____
Annotazioni: _____

Data: _____ / _____ / _____   Peso: _____   Dimensioni: _____
Annotazioni: _____

Data: _____ / _____ / _____   Peso: _____   Dimensioni: _____
Annotazioni: _____

Data: _____ / _____ / _____   Peso: _____   Dimensioni: _____
Annotazioni: _____

Data: _____ / _____ / _____   Peso: _____   Dimensioni: _____
Annotazioni: _____

Data: _____ / _____ / _____   Peso: _____   Dimensioni: _____
Annotazioni: _____

Data: _____ / _____ / _____   Peso: _____   Dimensioni: _____
Annotazioni: _____

Data: _____ / _____ / _____   Peso: _____   Dimensioni: _____
Annotazioni: _____

Monitoraggio misure e attività

Data: _____ /_____ /_____   Peso: _____   Dimensioni: _____
Annotazioni: _____

Data: _____ /_____ /_____   Peso: _____   Dimensioni: _____
Annotazioni: _____

Data: _____ /_____ /_____   Peso: _____   Dimensioni: _____
Annotazioni: _____

Data: _____ /_____ /_____   Peso: _____   Dimensioni: _____
Annotazioni: _____

Data: _____ /_____ /_____   Peso: _____   Dimensioni: _____
Annotazioni: _____

Data: _____ /_____ /_____   Peso: _____   Dimensioni: _____
Annotazioni: _____

Data: _____ /_____ /_____   Peso: _____   Dimensioni: _____
Annotazioni: _____

Data: _____ /_____ /_____   Peso: _____   Dimensioni: _____
Annotazioni: _____

Data: _____ /_____ /_____   Peso: _____   Dimensioni: _____
Annotazioni: _____

Data: _____ /_____ /_____   Peso: _____   Dimensioni: _____
Annotazioni: _____

Monitoraggio misure e attività

Data: _____ / _____ / _____   Peso: _____   Dimensioni: _____
Annotazioni: _____

Data: _____ / _____ / _____   Peso: _____   Dimensioni: _____
Annotazioni: _____

Data: _____ / _____ / _____   Peso: _____   Dimensioni: _____
Annotazioni: _____

Data: _____ / _____ / _____   Peso: _____   Dimensioni: _____
Annotazioni: _____

Data: _____ / _____ / _____   Peso: _____   Dimensioni: _____
Annotazioni: _____

Data: _____ / _____ / _____   Peso: _____   Dimensioni: _____
Annotazioni: _____

Data: _____ / _____ / _____   Peso: _____   Dimensioni: _____
Annotazioni: _____

Data: _____ / _____ / _____   Peso: _____   Dimensioni: _____
Annotazioni: _____

Data: _____ / _____ / _____   Peso: _____   Dimensioni: _____
Annotazioni: _____

Data: _____ / _____ / _____   Peso: _____   Dimensioni: _____
Annotazioni: _____

Monitoraggio misure e attività

Data: _____ / _____ / _____   Peso: _____   Dimensioni: _____
Annotazioni: _____

Data: _____ / _____ / _____   Peso: _____   Dimensioni: _____
Annotazioni: _____

Data: _____ / _____ / _____   Peso: _____   Dimensioni: _____
Annotazioni: _____

Data: _____ / _____ / _____   Peso: _____   Dimensioni: _____
Annotazioni: _____

Data: _____ / _____ / _____   Peso: _____   Dimensioni: _____
Annotazioni: _____

Data: _____ / _____ / _____   Peso: _____   Dimensioni: _____
Annotazioni: _____

Data: _____ / _____ / _____   Peso: _____   Dimensioni: _____
Annotazioni: _____

Data: _____ / _____ / _____   Peso: _____   Dimensioni: _____
Annotazioni: _____

Data: _____ / _____ / _____   Peso: _____   Dimensioni: _____
Annotazioni: _____

Data: _____ / _____ / _____   Peso: _____   Dimensioni: _____
Annotazioni: _____

Monitoraggio misure e attività

Data: _____ /_____ /_____   Peso: _____   Dimensioni: _____
Annotazioni: _____

Data: _____ /_____ /_____   Peso: _____   Dimensioni: _____
Annotazioni: _____

Data: _____ /_____ /_____   Peso: _____   Dimensioni: _____
Annotazioni: _____

Data: _____ /_____ /_____   Peso: _____   Dimensioni: _____
Annotazioni: _____

Data: _____ /_____ /_____   Peso: _____   Dimensioni: _____
Annotazioni: _____

Data: _____ /_____ /_____   Peso: _____   Dimensioni: _____
Annotazioni: _____

Data: _____ /_____ /_____   Peso: _____   Dimensioni: _____
Annotazioni: _____

Data: _____ /_____ /_____   Peso: _____   Dimensioni: _____
Annotazioni: _____

Data: _____ /_____ /_____   Peso: _____   Dimensioni: _____
Annotazioni: _____

Data: _____ /_____ /_____   Peso: _____   Dimensioni: _____
Annotazioni: _____

Monitoraggio misure e attività

Data: _____ /_____ /_____   Peso: _____   Dimensioni: _____
Annotazioni: _____

Data: _____ /_____ /_____   Peso: _____   Dimensioni: _____
Annotazioni: _____

Data: _____ /_____ /_____   Peso: _____   Dimensioni: _____
Annotazioni: _____

Data: _____ /_____ /_____   Peso: _____   Dimensioni: _____
Annotazioni: _____

Data: _____ /_____ /_____   Peso: _____   Dimensioni: _____
Annotazioni: _____

Data: _____ /_____ /_____   Peso: _____   Dimensioni: _____
Annotazioni: _____

Data: _____ /_____ /_____   Peso: _____   Dimensioni: _____
Annotazioni: _____

Data: _____ /_____ /_____   Peso: _____   Dimensioni: _____
Annotazioni: _____

Data: _____ /_____ /_____   Peso: _____   Dimensioni: _____
Annotazioni: _____

Data: _____ /_____ /_____   Peso: _____   Dimensioni: _____
Annotazioni: _____

Monitoraggio misure e attività

Data: _____ /_____ /_____   Peso: _____   Dimensioni: _____

Annotazioni: _____

Data: _____ /_____ /_____   Peso: _____   Dimensioni: _____

Annotazioni: _____

Data: _____ /_____ /_____   Peso: _____   Dimensioni: _____

Annotazioni: _____

Data: _____ /_____ /_____   Peso: _____   Dimensioni: _____

Annotazioni: _____

Data: _____ /_____ /_____   Peso: _____   Dimensioni: _____

Annotazioni: _____

Data: _____ /_____ /_____   Peso: _____   Dimensioni: _____

Annotazioni: _____

Data: _____ /_____ /_____   Peso: _____   Dimensioni: _____

Annotazioni: _____

Data: _____ /_____ /_____   Peso: _____   Dimensioni: _____

Annotazioni: _____

Data: _____ /_____ /_____   Peso: _____   Dimensioni: _____

Annotazioni: _____

Data: _____ /_____ /_____   Peso: _____   Dimensioni: _____

Annotazioni: _____

Monitoraggio misure e attività

Data: _____ /_____ /_____   Peso: _____   Dimensioni: _____
Annotazioni: _____

Data: _____ /_____ /_____   Peso: _____   Dimensioni: _____
Annotazioni: _____

Data: _____ /_____ /_____   Peso: _____   Dimensioni: _____
Annotazioni: _____

Data: _____ /_____ /_____   Peso: _____   Dimensioni: _____
Annotazioni: _____

Data: _____ /_____ /_____   Peso: _____   Dimensioni: _____
Annotazioni: _____

Data: _____ /_____ /_____   Peso: _____   Dimensioni: _____
Annotazioni: _____

Data: _____ /_____ /_____   Peso: _____   Dimensioni: _____
Annotazioni: _____

Data: _____ /_____ /_____   Peso: _____   Dimensioni: _____
Annotazioni: _____

Data: _____ /_____ /_____   Peso: _____   Dimensioni: _____
Annotazioni: _____

Data: _____ /_____ /_____   Peso: _____   Dimensioni: _____
Annotazioni: _____

Monitoraggio misure e attività

Data: _____ /_____ /_____   Peso: _____   Dimensioni: _____
Annotazioni: _____

Data: _____ /_____ /_____   Peso: _____   Dimensioni: _____
Annotazioni: _____

Data: _____ /_____ /_____   Peso: _____   Dimensioni: _____
Annotazioni: _____

Data: _____ /_____ /_____   Peso: _____   Dimensioni: _____
Annotazioni: _____

Data: _____ /_____ /_____   Peso: _____   Dimensioni: _____
Annotazioni: _____

Data: _____ /_____ /_____   Peso: _____   Dimensioni: _____
Annotazioni: _____

Data: _____ /_____ /_____   Peso: _____   Dimensioni: _____
Annotazioni: _____

Data: _____ /_____ /_____   Peso: _____   Dimensioni: _____
Annotazioni: _____

Data: _____ /_____ /_____   Peso: _____   Dimensioni: _____
Annotazioni: _____

Data: _____ /_____ /_____   Peso: _____   Dimensioni: _____
Annotazioni: _____

Monitoraggio misure e attività

Data: _____ /_____ /_____   Peso: _____   Dimensioni: _____
Annotazioni: _____

Data: _____ /_____ /_____   Peso: _____   Dimensioni: _____
Annotazioni: _____

Data: _____ /_____ /_____   Peso: _____   Dimensioni: _____
Annotazioni: _____

Data: _____ /_____ /_____   Peso: _____   Dimensioni: _____
Annotazioni: _____

Data: _____ /_____ /_____   Peso: _____   Dimensioni: _____
Annotazioni: _____

Data: _____ /_____ /_____   Peso: _____   Dimensioni: _____
Annotazioni: _____

Data: _____ /_____ /_____   Peso: _____   Dimensioni: _____
Annotazioni: _____

Data: _____ /_____ /_____   Peso: _____   Dimensioni: _____
Annotazioni: _____

Data: _____ /_____ /_____   Peso: _____   Dimensioni: _____
Annotazioni: _____

Data: _____ /_____ /_____   Peso: _____   Dimensioni: _____
Annotazioni: _____

Monitoraggio misure e attività

Data: _____ / _____ / _____   Peso: _____   Dimensioni: _____

Annotazioni: _____

Data: _____ / _____ / _____   Peso: _____   Dimensioni: _____

Annotazioni: _____

Data: _____ / _____ / _____   Peso: _____   Dimensioni: _____

Annotazioni: _____

Data: _____ / _____ / _____   Peso: _____   Dimensioni: _____

Annotazioni: _____

Data: _____ / _____ / _____   Peso: _____   Dimensioni: _____

Annotazioni: _____

Data: _____ / _____ / _____   Peso: _____   Dimensioni: _____

Annotazioni: _____

Data: _____ / _____ / _____   Peso: _____   Dimensioni: _____

Annotazioni: _____

Data: _____ / _____ / _____   Peso: _____   Dimensioni: _____

Annotazioni: _____

Data: _____ / _____ / _____   Peso: _____   Dimensioni: _____

Annotazioni: _____

Data: _____ / _____ / _____   Peso: _____   Dimensioni: _____

Annotazioni: _____

Monitoraggio misure e attività

Data: _____ / _____ / _____   Peso: _____   Dimensioni: _____
Annotazioni: _____

Data: _____ / _____ / _____   Peso: _____   Dimensioni: _____
Annotazioni: _____

Data: _____ / _____ / _____   Peso: _____   Dimensioni: _____
Annotazioni: _____

Data: _____ / _____ / _____   Peso: _____   Dimensioni: _____
Annotazioni: _____

Data: _____ / _____ / _____   Peso: _____   Dimensioni: _____
Annotazioni: _____

Data: _____ / _____ / _____   Peso: _____   Dimensioni: _____
Annotazioni: _____

Data: _____ / _____ / _____   Peso: _____   Dimensioni: _____
Annotazioni: _____

Data: _____ / _____ / _____   Peso: _____   Dimensioni: _____
Annotazioni: _____

Data: _____ / _____ / _____   Peso: _____   Dimensioni: _____
Annotazioni: _____

Data: _____ / _____ / _____   Peso: _____   Dimensioni: _____
Annotazioni: _____

Monitoraggio misure e attività

Data: _____ / _____ / _____   Peso: _____   Dimensioni: _____

Annotazioni: _____

Data: _____ / _____ / _____   Peso: _____   Dimensioni: _____

Annotazioni: _____

Data: _____ / _____ / _____   Peso: _____   Dimensioni: _____

Annotazioni: _____

Data: _____ / _____ / _____   Peso: _____   Dimensioni: _____

Annotazioni: _____

Data: _____ / _____ / _____   Peso: _____   Dimensioni: _____

Annotazioni: _____

Data: _____ / _____ / _____   Peso: _____   Dimensioni: _____

Annotazioni: _____

Data: _____ / _____ / _____   Peso: _____   Dimensioni: _____

Annotazioni: _____

Data: _____ / _____ / _____   Peso: _____   Dimensioni: _____

Annotazioni: _____

Data: _____ / _____ / _____   Peso: _____   Dimensioni: _____

Annotazioni: _____

Data: _____ / _____ / _____   Peso: _____   Dimensioni: _____

Annotazioni: _____

Monitoraggio misure e attività

Data: _____ /_____ /_____   Peso: _____   Dimensioni: _____
Annotazioni: _____

Data: _____ /_____ /_____   Peso: _____   Dimensioni: _____
Annotazioni: _____

Data: _____ /_____ /_____   Peso: _____   Dimensioni: _____
Annotazioni: _____

Data: _____ /_____ /_____   Peso: _____   Dimensioni: _____
Annotazioni: _____

Data: _____ /_____ /_____   Peso: _____   Dimensioni: _____
Annotazioni: _____

Data: _____ /_____ /_____   Peso: _____   Dimensioni: _____
Annotazioni: _____

Data: _____ /_____ /_____   Peso: _____   Dimensioni: _____
Annotazioni: _____

Data: _____ /_____ /_____   Peso: _____   Dimensioni: _____
Annotazioni: _____

Data: _____ /_____ /_____   Peso: _____   Dimensioni: _____
Annotazioni: _____

Data: _____ /_____ /_____   Peso: _____   Dimensioni: _____
Annotazioni: _____

Monitoraggio misure e attività

Data: _____ / _____ / _____   Peso: _____   Dimensioni: _____
Annotazioni: _____

Data: _____ / _____ / _____   Peso: _____   Dimensioni: _____
Annotazioni: _____

Data: _____ / _____ / _____   Peso: _____   Dimensioni: _____
Annotazioni: _____

Data: _____ / _____ / _____   Peso: _____   Dimensioni: _____
Annotazioni: _____

Data: _____ / _____ / _____   Peso: _____   Dimensioni: _____
Annotazioni: _____

Data: _____ / _____ / _____   Peso: _____   Dimensioni: _____
Annotazioni: _____

Data: _____ / _____ / _____   Peso: _____   Dimensioni: _____
Annotazioni: _____

Data: _____ / _____ / _____   Peso: _____   Dimensioni: _____
Annotazioni: _____

Data: _____ / _____ / _____   Peso: _____   Dimensioni: _____
Annotazioni: _____

Data: _____ / _____ / _____   Peso: _____   Dimensioni: _____
Annotazioni: _____

Monitoraggio misure e attività

Data: _____ /_____ /_____   Peso: _____   Dimensioni: _____
Annotazioni: _____

Data: _____ /_____ /_____   Peso: _____   Dimensioni: _____
Annotazioni: _____

Data: _____ /_____ /_____   Peso: _____   Dimensioni: _____
Annotazioni: _____

Data: _____ /_____ /_____   Peso: _____   Dimensioni: _____
Annotazioni: _____

Data: _____ /_____ /_____   Peso: _____   Dimensioni: _____
Annotazioni: _____

Data: _____ /_____ /_____   Peso: _____   Dimensioni: _____
Annotazioni: _____

Data: _____ /_____ /_____   Peso: _____   Dimensioni: _____
Annotazioni: _____

Data: _____ /_____ /_____   Peso: _____   Dimensioni: _____
Annotazioni: _____

Data: _____ /_____ /_____   Peso: _____   Dimensioni: _____
Annotazioni: _____

Data: _____ /_____ /_____   Peso: _____   Dimensioni: _____
Annotazioni: _____

Monitoraggio misure e attività

Data: _____ / _____ / _____   Peso: _____   Dimensioni: _____
Annotazioni: _____

Data: _____ / _____ / _____   Peso: _____   Dimensioni: _____
Annotazioni: _____

Data: _____ / _____ / _____   Peso: _____   Dimensioni: _____
Annotazioni: _____

Data: _____ / _____ / _____   Peso: _____   Dimensioni: _____
Annotazioni: _____

Data: _____ / _____ / _____   Peso: _____   Dimensioni: _____
Annotazioni: _____

Data: _____ / _____ / _____   Peso: _____   Dimensioni: _____
Annotazioni: _____

Data: _____ / _____ / _____   Peso: _____   Dimensioni: _____
Annotazioni: _____

Data: _____ / _____ / _____   Peso: _____   Dimensioni: _____
Annotazioni: _____

Data: _____ / _____ / _____   Peso: _____   Dimensioni: _____
Annotazioni: _____

Data: _____ / _____ / _____   Peso: _____   Dimensioni: _____
Annotazioni: _____

Monitoraggio misure e attività

Data: _____ / _____ / _____ Peso: _____ Dimensioni: _____
Annotazioni: _____

Data: _____ / _____ / _____ Peso: _____ Dimensioni: _____
Annotazioni: _____

Data: _____ / _____ / _____ Peso: _____ Dimensioni: _____
Annotazioni: _____

Data: _____ / _____ / _____ Peso: _____ Dimensioni: _____
Annotazioni: _____

Data: _____ / _____ / _____ Peso: _____ Dimensioni: _____
Annotazioni: _____

Data: _____ / _____ / _____ Peso: _____ Dimensioni: _____
Annotazioni: _____

Data: _____ / _____ / _____ Peso: _____ Dimensioni: _____
Annotazioni: _____

Data: _____ / _____ / _____ Peso: _____ Dimensioni: _____
Annotazioni: _____

Data: _____ / _____ / _____ Peso: _____ Dimensioni: _____
Annotazioni: _____

Data: _____ / _____ / _____ Peso: _____ Dimensioni: _____
Annotazioni: _____

Monitoraggio misure e attività

Data: _____ /_____ /_____ Peso: _____ Dimensioni: _____
Annotazioni: _____

Data: _____ /_____ /_____ Peso: _____ Dimensioni: _____
Annotazioni: _____

Data: _____ /_____ /_____ Peso: _____ Dimensioni: _____
Annotazioni: _____

Data: _____ /_____ /_____ Peso: _____ Dimensioni: _____
Annotazioni: _____

Data: _____ /_____ /_____ Peso: _____ Dimensioni: _____
Annotazioni: _____

Data: _____ /_____ /_____ Peso: _____ Dimensioni: _____
Annotazioni: _____

Data: _____ /_____ /_____ Peso: _____ Dimensioni: _____
Annotazioni: _____

Data: _____ /_____ /_____ Peso: _____ Dimensioni: _____
Annotazioni: _____

Data: _____ /_____ /_____ Peso: _____ Dimensioni: _____
Annotazioni: _____

Data: _____ /_____ /_____ Peso: _____ Dimensioni: _____
Annotazioni: _____

Monitoraggio misure e attività

Data: _____ /_____ /_____   Peso: _____   Dimensioni: _____
Annotazioni: _____

Data: _____ /_____ /_____   Peso: _____   Dimensioni: _____
Annotazioni: _____

Data: _____ /_____ /_____   Peso: _____   Dimensioni: _____
Annotazioni: _____

Data: _____ /_____ /_____   Peso: _____   Dimensioni: _____
Annotazioni: _____

Data: _____ /_____ /_____   Peso: _____   Dimensioni: _____
Annotazioni: _____

Data: _____ /_____ /_____   Peso: _____   Dimensioni: _____
Annotazioni: _____

Data: _____ /_____ /_____   Peso: _____   Dimensioni: _____
Annotazioni: _____

Data: _____ /_____ /_____   Peso: _____   Dimensioni: _____
Annotazioni: _____

Data: _____ /_____ /_____   Peso: _____   Dimensioni: _____
Annotazioni: _____

Data: _____ /_____ /_____   Peso: _____   Dimensioni: _____
Annotazioni: _____

Monitoraggio misure e attività

Data: _____ / _____ / _____	Peso: _____	Dimensioni: _____
Annotazioni: _____		
Data: _____ / _____ / _____	Peso: _____	Dimensioni: _____
Annotazioni: _____		
Data: _____ / _____ / _____	Peso: _____	Dimensioni: _____
Annotazioni: _____		
Data: _____ / _____ / _____	Peso: _____	Dimensioni: _____
Annotazioni: _____		
Data: _____ / _____ / _____	Peso: _____	Dimensioni: _____
Annotazioni: _____		
Data: _____ / _____ / _____	Peso: _____	Dimensioni: _____
Annotazioni: _____		
Data: _____ / _____ / _____	Peso: _____	Dimensioni: _____
Annotazioni: _____		
Data: _____ / _____ / _____	Peso: _____	Dimensioni: _____
Annotazioni: _____		
Data: _____ / _____ / _____	Peso: _____	Dimensioni: _____
Annotazioni: _____		
Data: _____ / _____ / _____	Peso: _____	Dimensioni: _____
Annotazioni: _____		

Monitoraggio misure e attività

Data: _____ / _____ / _____   Peso: _____   Dimensioni: _____
Annotazioni: _____

Data: _____ / _____ / _____   Peso: _____   Dimensioni: _____
Annotazioni: _____

Data: _____ / _____ / _____   Peso: _____   Dimensioni: _____
Annotazioni: _____

Data: _____ / _____ / _____   Peso: _____   Dimensioni: _____
Annotazioni: _____

Data: _____ / _____ / _____   Peso: _____   Dimensioni: _____
Annotazioni: _____

Data: _____ / _____ / _____   Peso: _____   Dimensioni: _____
Annotazioni: _____

Data: _____ / _____ / _____   Peso: _____   Dimensioni: _____
Annotazioni: _____

Data: _____ / _____ / _____   Peso: _____   Dimensioni: _____
Annotazioni: _____

Data: _____ / _____ / _____   Peso: _____   Dimensioni: _____
Annotazioni: _____

Data: _____ / _____ / _____   Peso: _____   Dimensioni: _____
Annotazioni: _____

Monitoraggio misure e attività

Data: _____ /_____ /_____   Peso: _____   Dimensioni: _____
Annotazioni: _____

Data: _____ /_____ /_____   Peso: _____   Dimensioni: _____
Annotazioni: _____

Data: _____ /_____ /_____   Peso: _____   Dimensioni: _____
Annotazioni: _____

Data: _____ /_____ /_____   Peso: _____   Dimensioni: _____
Annotazioni: _____

Data: _____ /_____ /_____   Peso: _____   Dimensioni: _____
Annotazioni: _____

Data: _____ /_____ /_____   Peso: _____   Dimensioni: _____
Annotazioni: _____

Data: _____ /_____ /_____   Peso: _____   Dimensioni: _____
Annotazioni: _____

Data: _____ /_____ /_____   Peso: _____   Dimensioni: _____
Annotazioni: _____

Data: _____ /_____ /_____   Peso: _____   Dimensioni: _____
Annotazioni: _____

Data: _____ /_____ /_____   Peso: _____   Dimensioni: _____
Annotazioni: _____

Monitoraggio misure e attività

Data: _____ /_____ /_____   Peso: _____   Dimensioni: _____
Annotazioni: _____

Data: _____ /_____ /_____   Peso: _____   Dimensioni: _____
Annotazioni: _____

Data: _____ /_____ /_____   Peso: _____   Dimensioni: _____
Annotazioni: _____

Data: _____ /_____ /_____   Peso: _____   Dimensioni: _____
Annotazioni: _____

Data: _____ /_____ /_____   Peso: _____   Dimensioni: _____
Annotazioni: _____

Data: _____ /_____ /_____   Peso: _____   Dimensioni: _____
Annotazioni: _____

Data: _____ /_____ /_____   Peso: _____   Dimensioni: _____
Annotazioni: _____

Data: _____ /_____ /_____   Peso: _____   Dimensioni: _____
Annotazioni: _____

Data: _____ /_____ /_____   Peso: _____   Dimensioni: _____
Annotazioni: _____

Data: _____ /_____ /_____   Peso: _____   Dimensioni: _____
Annotazioni: _____

Monitoraggio misure e attività

Data: _____ /_____ /_____	Peso: _____	Dimensioni: _____
Annotazioni: _____		
Data: _____ /_____ /_____	Peso: _____	Dimensioni: _____
Annotazioni: _____		
Data: _____ /_____ /_____	Peso: _____	Dimensioni: _____
Annotazioni: _____		
Data: _____ /_____ /_____	Peso: _____	Dimensioni: _____
Annotazioni: _____		
Data: _____ /_____ /_____	Peso: _____	Dimensioni: _____
Annotazioni: _____		
Data: _____ /_____ /_____	Peso: _____	Dimensioni: _____
Annotazioni: _____		
Data: _____ /_____ /_____	Peso: _____	Dimensioni: _____
Annotazioni: _____		
Data: _____ /_____ /_____	Peso: _____	Dimensioni: _____
Annotazioni: _____		
Data: _____ /_____ /_____	Peso: _____	Dimensioni: _____
Annotazioni: _____		
Data: _____ /_____ /_____	Peso: _____	Dimensioni: _____
Annotazioni: _____		

Monitoraggio misure e attività

Data: _____ /_____ /_____	Peso: _____	Dimensioni: _____
Annotazioni: _____

Data: _____ /_____ /_____	Peso: _____	Dimensioni: _____
Annotazioni: _____

Data: _____ /_____ /_____	Peso: _____	Dimensioni: _____
Annotazioni: _____

Data: _____ /_____ /_____	Peso: _____	Dimensioni: _____
Annotazioni: _____

Data: _____ /_____ /_____	Peso: _____	Dimensioni: _____
Annotazioni: _____

Data: _____ /_____ /_____	Peso: _____	Dimensioni: _____
Annotazioni: _____

Data: _____ /_____ /_____	Peso: _____	Dimensioni: _____
Annotazioni: _____

Data: _____ /_____ /_____	Peso: _____	Dimensioni: _____
Annotazioni: _____

Data: _____ /_____ /_____	Peso: _____	Dimensioni: _____
Annotazioni: _____

Data: _____ /_____ /_____	Peso: _____	Dimensioni: _____
Annotazioni: _____

Monitoraggio misure e attività

Data: _____ /_____ /_____   Peso: _____   Dimensioni: _____
Annotazioni: _____

Data: _____ /_____ /_____   Peso: _____   Dimensioni: _____
Annotazioni: _____

Data: _____ /_____ /_____   Peso: _____   Dimensioni: _____
Annotazioni: _____

Data: _____ /_____ /_____   Peso: _____   Dimensioni: _____
Annotazioni: _____

Data: _____ /_____ /_____   Peso: _____   Dimensioni: _____
Annotazioni: _____

Data: _____ /_____ /_____   Peso: _____   Dimensioni: _____
Annotazioni: _____

Data: _____ /_____ /_____   Peso: _____   Dimensioni: _____
Annotazioni: _____

Data: _____ /_____ /_____   Peso: _____   Dimensioni: _____
Annotazioni: _____

Data: _____ /_____ /_____   Peso: _____   Dimensioni: _____
Annotazioni: _____

Data: _____ /_____ /_____   Peso: _____   Dimensioni: _____
Annotazioni: _____

Monitoraggio misure e attività

Data: _____ /_____ /_____   Peso: _____   Dimensioni: _____
Annotazioni: _____

Data: _____ /_____ /_____   Peso: _____   Dimensioni: _____
Annotazioni: _____

Data: _____ /_____ /_____   Peso: _____   Dimensioni: _____
Annotazioni: _____

Data: _____ /_____ /_____   Peso: _____   Dimensioni: _____
Annotazioni: _____

Data: _____ /_____ /_____   Peso: _____   Dimensioni: _____
Annotazioni: _____

Data: _____ /_____ /_____   Peso: _____   Dimensioni: _____
Annotazioni: _____

Data: _____ /_____ /_____   Peso: _____   Dimensioni: _____
Annotazioni: _____

Data: _____ /_____ /_____   Peso: _____   Dimensioni: _____
Annotazioni: _____

Data: _____ /_____ /_____   Peso: _____   Dimensioni: _____
Annotazioni: _____

Data: _____ /_____ /_____   Peso: _____   Dimensioni: _____
Annotazioni: _____

Monitoraggio misure e attività

Data: _____ /_____ /_____   Peso: _____   Dimensioni: _____
Annotazioni: _____

Data: _____ /_____ /_____   Peso: _____   Dimensioni: _____
Annotazioni: _____

Data: _____ /_____ /_____   Peso: _____   Dimensioni: _____
Annotazioni: _____

Data: _____ /_____ /_____   Peso: _____   Dimensioni: _____
Annotazioni: _____

Data: _____ /_____ /_____   Peso: _____   Dimensioni: _____
Annotazioni: _____

Data: _____ /_____ /_____   Peso: _____   Dimensioni: _____
Annotazioni: _____

Data: _____ /_____ /_____   Peso: _____   Dimensioni: _____
Annotazioni: _____

Data: _____ /_____ /_____   Peso: _____   Dimensioni: _____
Annotazioni: _____

Data: _____ /_____ /_____   Peso: _____   Dimensioni: _____
Annotazioni: _____

Data: _____ /_____ /_____   Peso: _____   Dimensioni: _____
Annotazioni: _____

Monitoraggio misure e attività

Data: _____ / _____ / _____   Peso: _____   Dimensioni: _____
Annotazioni: _____

Data: _____ / _____ / _____   Peso: _____   Dimensioni: _____
Annotazioni: _____

Data: _____ / _____ / _____   Peso: _____   Dimensioni: _____
Annotazioni: _____

Data: _____ / _____ / _____   Peso: _____   Dimensioni: _____
Annotazioni: _____

Data: _____ / _____ / _____   Peso: _____   Dimensioni: _____
Annotazioni: _____

Data: _____ / _____ / _____   Peso: _____   Dimensioni: _____
Annotazioni: _____

Data: _____ / _____ / _____   Peso: _____   Dimensioni: _____
Annotazioni: _____

Data: _____ / _____ / _____   Peso: _____   Dimensioni: _____
Annotazioni: _____

Data: _____ / _____ / _____   Peso: _____   Dimensioni: _____
Annotazioni: _____

Data: _____ / _____ / _____   Peso: _____   Dimensioni: _____
Annotazioni: _____

Monitoraggio misure e attività

Data: _____ /_____ /_____ Peso: _____ Dimensioni: _____

Annotazioni: _____

Data: _____ /_____ /_____ Peso: _____ Dimensioni: _____

Annotazioni: _____

Data: _____ /_____ /_____ Peso: _____ Dimensioni: _____

Annotazioni: _____

Data: _____ /_____ /_____ Peso: _____ Dimensioni: _____

Annotazioni: _____

Data: _____ /_____ /_____ Peso: _____ Dimensioni: _____

Annotazioni: _____

Data: _____ /_____ /_____ Peso: _____ Dimensioni: _____

Annotazioni: _____

Data: _____ /_____ /_____ Peso: _____ Dimensioni: _____

Annotazioni: _____

Data: _____ /_____ /_____ Peso: _____ Dimensioni: _____

Annotazioni: _____

Data: _____ /_____ /_____ Peso: _____ Dimensioni: _____

Annotazioni: _____

Data: _____ /_____ /_____ Peso: _____ Dimensioni: _____

Annotazioni: _____

Monitoraggio misure e attività

Data: _____ /_____ /_____   Peso: _____   Dimensioni: _____
Annotazioni: _____

Data: _____ /_____ /_____   Peso: _____   Dimensioni: _____
Annotazioni: _____

Data: _____ /_____ /_____   Peso: _____   Dimensioni: _____
Annotazioni: _____

Data: _____ /_____ /_____   Peso: _____   Dimensioni: _____
Annotazioni: _____

Data: _____ /_____ /_____   Peso: _____   Dimensioni: _____
Annotazioni: _____

Data: _____ /_____ /_____   Peso: _____   Dimensioni: _____
Annotazioni: _____

Data: _____ /_____ /_____   Peso: _____   Dimensioni: _____
Annotazioni: _____

Data: _____ /_____ /_____   Peso: _____   Dimensioni: _____
Annotazioni: _____

Data: _____ /_____ /_____   Peso: _____   Dimensioni: _____
Annotazioni: _____

Data: _____ /_____ /_____   Peso: _____   Dimensioni: _____
Annotazioni: _____

Monitoraggio misure e attività

Data: _____ /_____ /_____   Peso: _____   Dimensioni: _____

Annotazioni: _____

Data: _____ /_____ /_____   Peso: _____   Dimensioni: _____

Annotazioni: _____

Data: _____ /_____ /_____   Peso: _____   Dimensioni: _____

Annotazioni: _____

Data: _____ /_____ /_____   Peso: _____   Dimensioni: _____

Annotazioni: _____

Data: _____ /_____ /_____   Peso: _____   Dimensioni: _____

Annotazioni: _____

Data: _____ /_____ /_____   Peso: _____   Dimensioni: _____

Annotazioni: _____

Data: _____ /_____ /_____   Peso: _____   Dimensioni: _____

Annotazioni: _____

Data: _____ /_____ /_____   Peso: _____   Dimensioni: _____

Annotazioni: _____

Data: _____ /_____ /_____   Peso: _____   Dimensioni: _____

Annotazioni: _____

Data: _____ /_____ /_____   Peso: _____   Dimensioni: _____

Annotazioni: _____

Monitoraggio misure e attività

Data: _____ /_____ /_____   Peso: _____   Dimensioni: _____
Annotazioni: _____

Data: _____ /_____ /_____   Peso: _____   Dimensioni: _____
Annotazioni: _____

Data: _____ /_____ /_____   Peso: _____   Dimensioni: _____
Annotazioni: _____

Data: _____ /_____ /_____   Peso: _____   Dimensioni: _____
Annotazioni: _____

Data: _____ /_____ /_____   Peso: _____   Dimensioni: _____
Annotazioni: _____

Data: _____ /_____ /_____   Peso: _____   Dimensioni: _____
Annotazioni: _____

Data: _____ /_____ /_____   Peso: _____   Dimensioni: _____
Annotazioni: _____

Data: _____ /_____ /_____   Peso: _____   Dimensioni: _____
Annotazioni: _____

Data: _____ /_____ /_____   Peso: _____   Dimensioni: _____
Annotazioni: _____

Data: _____ /_____ /_____   Peso: _____   Dimensioni: _____
Annotazioni: _____

Monitoraggio misure e attività

Data: _____ /_____ /_____   Peso: _____   Dimensioni: _____
Annotazioni: _____

Data: _____ /_____ /_____   Peso: _____   Dimensioni: _____
Annotazioni: _____

Data: _____ /_____ /_____   Peso: _____   Dimensioni: _____
Annotazioni: _____

Data: _____ /_____ /_____   Peso: _____   Dimensioni: _____
Annotazioni: _____

Data: _____ /_____ /_____   Peso: _____   Dimensioni: _____
Annotazioni: _____

Data: _____ /_____ /_____   Peso: _____   Dimensioni: _____
Annotazioni: _____

Data: _____ /_____ /_____   Peso: _____   Dimensioni: _____
Annotazioni: _____

Data: _____ /_____ /_____   Peso: _____   Dimensioni: _____
Annotazioni: _____

Data: _____ /_____ /_____   Peso: _____   Dimensioni: _____
Annotazioni: _____

Data: _____ /_____ /_____   Peso: _____   Dimensioni: _____
Annotazioni: _____

Monitoraggio misure e attività

Data: _____ / _____ / _____   Peso: _____   Dimensioni: _____
Annotazioni: _____

Data: _____ / _____ / _____   Peso: _____   Dimensioni: _____
Annotazioni: _____

Data: _____ / _____ / _____   Peso: _____   Dimensioni: _____
Annotazioni: _____

Data: _____ / _____ / _____   Peso: _____   Dimensioni: _____
Annotazioni: _____

Data: _____ / _____ / _____   Peso: _____   Dimensioni: _____
Annotazioni: _____

Data: _____ / _____ / _____   Peso: _____   Dimensioni: _____
Annotazioni: _____

Data: _____ / _____ / _____   Peso: _____   Dimensioni: _____
Annotazioni: _____

Data: _____ / _____ / _____   Peso: _____   Dimensioni: _____
Annotazioni: _____

Data: _____ / _____ / _____   Peso: _____   Dimensioni: _____
Annotazioni: _____

Data: _____ / _____ / _____   Peso: _____   Dimensioni: _____
Annotazioni: _____

Monitoraggio misure e attività

Data: _____ / _____ / _____   Peso: _____   Dimensioni: _____

Annotazioni: _____

Data: _____ / _____ / _____   Peso: _____   Dimensioni: _____

Annotazioni: _____

Data: _____ / _____ / _____   Peso: _____   Dimensioni: _____

Annotazioni: _____

Data: _____ / _____ / _____   Peso: _____   Dimensioni: _____

Annotazioni: _____

Data: _____ / _____ / _____   Peso: _____   Dimensioni: _____

Annotazioni: _____

Data: _____ / _____ / _____   Peso: _____   Dimensioni: _____

Annotazioni: _____

Data: _____ / _____ / _____   Peso: _____   Dimensioni: _____

Annotazioni: _____

Data: _____ / _____ / _____   Peso: _____   Dimensioni: _____

Annotazioni: _____

Data: _____ / _____ / _____   Peso: _____   Dimensioni: _____

Annotazioni: _____

Data: _____ / _____ / _____   Peso: _____   Dimensioni: _____

Annotazioni: _____

Monitoraggio misure e attività

Data: _____ /_____ /_____   Peso: _____   Dimensioni: _____
Annotazioni: _____

Data: _____ /_____ /_____   Peso: _____   Dimensioni: _____
Annotazioni: _____

Data: _____ /_____ /_____   Peso: _____   Dimensioni: _____
Annotazioni: _____

Data: _____ /_____ /_____   Peso: _____   Dimensioni: _____
Annotazioni: _____

Data: _____ /_____ /_____   Peso: _____   Dimensioni: _____
Annotazioni: _____

Data: _____ /_____ /_____   Peso: _____   Dimensioni: _____
Annotazioni: _____

Data: _____ /_____ /_____   Peso: _____   Dimensioni: _____
Annotazioni: _____

Data: _____ /_____ /_____   Peso: _____   Dimensioni: _____
Annotazioni: _____

Data: _____ /_____ /_____   Peso: _____   Dimensioni: _____
Annotazioni: _____

Data: _____ /_____ /_____   Peso: _____   Dimensioni: _____
Annotazioni: _____

Monitoraggio misure e attività

Data: _____ /_____ /_____   Peso: _____   Dimensioni: _____
Annotazioni: _____

Data: _____ /_____ /_____   Peso: _____   Dimensioni: _____
Annotazioni: _____

Data: _____ /_____ /_____   Peso: _____   Dimensioni: _____
Annotazioni: _____

Data: _____ /_____ /_____   Peso: _____   Dimensioni: _____
Annotazioni: _____

Data: _____ /_____ /_____   Peso: _____   Dimensioni: _____
Annotazioni: _____

Data: _____ /_____ /_____   Peso: _____   Dimensioni: _____
Annotazioni: _____

Data: _____ /_____ /_____   Peso: _____   Dimensioni: _____
Annotazioni: _____

Data: _____ /_____ /_____   Peso: _____   Dimensioni: _____
Annotazioni: _____

Data: _____ /_____ /_____   Peso: _____   Dimensioni: _____
Annotazioni: _____

Data: _____ /_____ /_____   Peso: _____   Dimensioni: _____
Annotazioni: _____

Monitoraggio misure e attività

Data: _____ / _____ / _____   Peso: _____   Dimensioni: _____
Annotazioni: _____

Data: _____ / _____ / _____   Peso: _____   Dimensioni: _____
Annotazioni: _____

Data: _____ / _____ / _____   Peso: _____   Dimensioni: _____
Annotazioni: _____

Data: _____ / _____ / _____   Peso: _____   Dimensioni: _____
Annotazioni: _____

Data: _____ / _____ / _____   Peso: _____   Dimensioni: _____
Annotazioni: _____

Data: _____ / _____ / _____   Peso: _____   Dimensioni: _____
Annotazioni: _____

Data: _____ / _____ / _____   Peso: _____   Dimensioni: _____
Annotazioni: _____

Data: _____ / _____ / _____   Peso: _____   Dimensioni: _____
Annotazioni:

Data: _____ / _____ / _____   Peso: _____   Dimensioni: _____
Annotazioni: _____

Data: _____ / _____ / _____   Peso: _____   Dimensioni: _____
Annotazioni: _____

Monitoraggio misure e attività

Data: _____ / _____ / _____   Peso: _____   Dimensioni: _____
Annotazioni: _____

Data: _____ / _____ / _____   Peso: _____   Dimensioni: _____
Annotazioni: _____

Data: _____ / _____ / _____   Peso: _____   Dimensioni: _____
Annotazioni: _____

Data: _____ / _____ / _____   Peso: _____   Dimensioni: _____
Annotazioni: _____

Data: _____ / _____ / _____   Peso: _____   Dimensioni: _____
Annotazioni: _____

Data: _____ / _____ / _____   Peso: _____   Dimensioni: _____
Annotazioni: _____

Data: _____ / _____ / _____   Peso: _____   Dimensioni: _____
Annotazioni: _____

Data: _____ / _____ / _____   Peso: _____   Dimensioni: _____
Annotazioni: _____

Data: _____ / _____ / _____   Peso: _____   Dimensioni: _____
Annotazioni: _____

Data: _____ / _____ / _____   Peso: _____   Dimensioni: _____
Annotazioni: _____

Annotazioni

Annotazioni

Annotazioni

Annotazioni

Annotazioni

Annotazioni

Annotazioni

Annotazioni

Annotazioni

Annotazioni

Annotazioni

Annotazioni

Annotazioni

Annotazioni

Annotazioni

Annotazioni

Annotazioni

Annotazioni

Annotazioni

Annotazioni

Printed by Amazon Italia Logistica S.r.l.
Torrazza Piemonte (TO), Italy